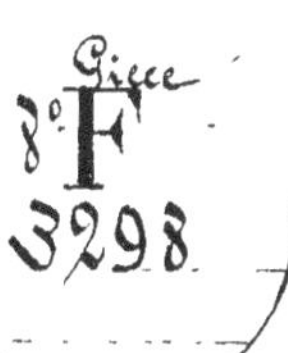

ÉTUDES
DE DROIT COLONIAL

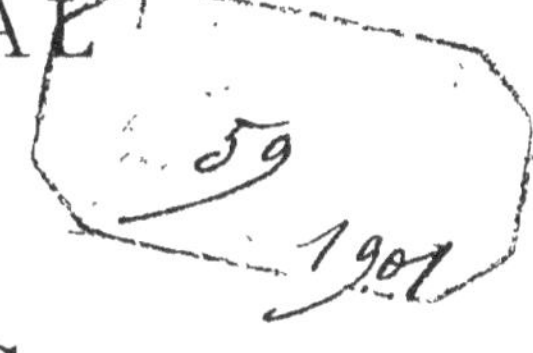

DES EXPLOITS
SIGNIFIÉS AU PARQUET

EN

Matière Coloniale

Note sur l'art. 69 § 9 du Code de Procédure Civile et la loi du 11 mai 1900

PAR

Édouard SAUVEL

Avocat au Conseil d'État et à la Cour de Cassation

PARIS

A l'Administration du Recueil général de Jurisprudence Coloniale
La Tribune des Colonies et des Protectorats

114, rue de Provence, 114

1901

ÉTUDES
DE DROIT COLONIAL

DES EXPLOITS
SIGNIFIÉS AU PARQUET

EN

Matière Coloniale

Note sur l'art. 69 § 9 du Code de Procédure civil et la loi du 11 mai 1900

PAR

Edouard SAUVEL
Avocat au Conseil d'État et à la Cour de Cassation

PARIS

**A l'Administration du Recueil général de Jurisprudence Coloniale ;
La Tribune des Colonies et des Protectorats**

114, rue de Provence, 114

—

1901

DES EXPLOITS

SIGNIFIÉS AU PARQUET

EN

Matière Coloniale

DES EXPLOITS

SIGNIFIÉS AU PARQUET

Matière Coloniale[1]

**Note sur l'art. 69 § 9 du Code de Procédure civile
et la loi du 11 Mai 1900**

I. — Le texte ancien du paragraphe 9 de l'art. 69 du Code de Procédure (antérieur à 1882), prévoyant le cas où un exploit doit être notifié à l'un de « *ceux qui habitent le territoire français hors du continent et ceux qui sont établis à l'étranger* », édictait une règle unique et disposait que la notification de cet exploit était valablement faite « *au domicile du Procureur de la République près le tribunal où sera portée la demande* ».

Il ajoutait que ce magistrat « *viserait l'original et enverrait la copie, pour les premiers, au Ministre de la Marine et pour les seconds à celui des Affaires Etrangères* ».

Ce texte a été modifié deux fois.

Une première loi, du 8 mars 1882, substitua aux mots : *le territoire français hors du continent*, ceux-ci : *le territoire français hors de l'Europe et de l'Algérie*, assimilant ainsi le sol algérien au sol métropolitain.

La même loi permit d'envoyer *directement la copie au Ministre compétent ou à toute autre autorité déterminée par les conventions diplomatiques.*

Une seconde loi, du 11 mai 1900 (2), dont le vote a passé inaperçu (3), a d'abord assimilé la *Tunisie* au territoire métropolitain ou algérien, puis a établi une distinction, quant à la transmission des copies d'exploit, entre celles destinées aux *colonies* et celles destinées aux *pays étrangers*.

---

(1) Extrait du Recueil général de Jurisprudence, de Doctrine et de Législation Coloniale : *La Tribune des Colonies et des Protectorats*, février 1901.

(2) V. Appendice I.

(3) Cette loi, présentée par le Ministre de la Justice et des Colonies, a été adoptée sans discussion par la Chambre des Députés le 30 juin 1899, et par le Séna le 11 avril 1900.

Pour les *Pays étrangers*, la règle posée par la loi de 1882 subsiste ; la copie de l'exploit doit être transmise « au Ministre des Affaires Etrangères ou à toute autre autorité déterminée par les conventions diplomatiques ».

Pour les *colonies et pays de protectorat*, la copie est envoyée par le parquet non plus au Ministre des Colonies, mais au chef du service judiciaire dans la colonie ou le pays de protectorat.

II. — Nous ne nions pas que ce soit un progrès, mais nous regrettons que le législateur de 1900 se soit arrêté là ; il a, en effet, laissé subsister ce qu'il y a de plus grave, de plus anormal dans le § 9 de l'art. 69, c'est-à-dire la présomption légale — nous nous trompons, — la fiction légale qui veut qu'une notification, faite à une partie résidant dans une colonie ou à l'étranger, soit valable et produise ses effets légaux, du jour où elle a été faite au parquet du tribunal saisi du litige.

Il est en effet excessif de dire qu'une notification m'a été faite valablement, qu'elle produit désormais tous ses effets, alors que cette notification a été faite non pas à mon domicile légal parfaitement connu quoique situé aux Colonies ou à l'étranger, mais bien à un parquet de France.

Nous admettons parfaitement que, dans le cas du § 8 de l'art. 69, c'est-à-dire, dans le cas de *domicile et résidence inconnus*, il faille en arriver à la notification à la Mairie, avec affichage.

Celui qui n'a ni domicile ni résidence connus, est en effet, une sorte de vagabond ; il faut bien trouver un moyen légal d'agir vis-à-vis de lui et de le saisir valablement d'un exploit.

Il en est autrement de celui qui a un domicile parfaitement connu, mais situé soit aux Colonies soit à l'étranger.

Pour celui-là, nous nous étonnons que le législateur persiste à maintenir la fiction légale de l'article 69, § 9.

. III. — Cette fiction présente les plus grands inconvénients ; elle constitue une réelle injustice.

En effet, étant posé en principe que la notification faite, en pareil cas, à parquet, produit tous les effets d'un exploit valablement fait, il en résulte que de cette notification courent tous les délais légaux de la procédure (opposition, appel, pourvoi en cassation).

Or, il n'est pas sans exemple qu'une notification faite à parquet se soit endormie dans les cartons du parquet, ou du ministère auquel ce parquet l'avait transmise, et ne soit jamais parvenue à son destinataire.

En pareil cas, nous le répétons, la notification est réputée acquise du jour où elle a été faite au parquet (1), et cela alors même qu'elle ne serait jamais

---

(1) On sait que la notification doit être faite au parquet *près le tribunal où sera portée la demande* ; donc un acte d'appel doit être notifié au parquet de la Cour et non au parquet du tribunal et ce à peine de nullité (C. d'Alger, 29 mai 1899. D. P. 1900, II, 325 ; — C. de Besançon, 7 juin 1899, *ibid.*, 178), et il est régulier dès qu'il a été visé sur l'original par l'un des magistrats du parquet sans que mention soit nécessaire du nom du magistrat auquel a été faite la remise et qui a donné le visa, le parquet étant indivisible (C. de Toulouse, 10 janvier 1899, S. 1900, II, 176),

sortie de ce parquet, qu'elle n'aurait jamais été transmise à qui que ce soit, fonctionnaire ou destinataire.

Il ne s'agit pas là, — nous le disions plus haut, — d'une présomption légale que pourrait détruire la preuve contraire ; il s'agit d'une affirmation légale que rien ne peut détruire.

Nous en donnerons quelques exemples.

Ainsi, la cour de cassation a déclaré régulière et valable la notification, faite au parquet à destination d'une partie habitant l'étranger, d'un procès-verbal de saisie immobilière, bien que le ministère public eut ensuite négligé d'effectuer la transmission prescrite par la loi « attendu que l'obligation d'envoyer la copie à lui signifiée soit au ministre de la marine, soit à celui des affaires étrangères, est imposé par la loi au procureur du roi et non à la partie, qui ne peut répondre des faits ou de l'omission de ce fonctionnaire. » (Cour de Cassation, req. 11 mars 1817, D. R. V° *Exploit,* N° 484).

De même, il a été jugé qu'une citation devant la Cour d'Assises, en matière de presse, était valable lorsqu'elle était faite à parquet et, par suite *interrompait la prescription* (C. de cass. ch. cr. aff. Cabanel 22 avril 1898, Rev. gén. de J. P. coloniale, *Tribune des Colonies* 1898, I, 1191, p. 158), et qu'*il importait peu que la copie de l'exploit ne fut pas parvenue au destinataire* (même arrêt) :

Que la signification d'un jugement faite à parquet *faisait courir le délai d'appel alors même qu'il serait établi que la copie n'a pas été envoyée par le parquet au ministre chargé de la transmission* (C. de Cass. Ch. des Req. 12 mai 1886, aff. Helstein, S. 87, I, 34) ;

Qu'une telle signification est valable et *fait courir le délai du pourvoi en cassation* contre celui à qui elle était destinée, «*sans qu'il y ait à rechercher à quelle date la copie ainsi signifiée aurait été remise dans la colonie au domicile de cette partie.* » (C. de Cass. Ch. Cr. aff. Puech, 12 janvier 1892, *Tribune des Colonies,* 1891-92, art. 133, p. 378) ;

Enfin, que la signification d'un jugement par défaut et d'un procès-verbal de carence, signification faite à parquet, doit, au regard de l'art. 159 c. proc. civ., être considérée comme un *acte duquel il résulte nécessairement que l'exécution du jugement a été connu de la partie défaillante* et suffit, par conséquent, pour que ce jugement ne soit pas frappé de la péremption édictée par l'art. 156 du même code (C. d'Appel de Gênes, 15 octobre 1895, D. P. 1898, II, 35) (2).

Le Conseil d'Etat a interprété de même le § 9 l'art. 69 en déclarant valable la signification d'une ordonnance de soit-communiqué à une société anonyme dont le siège est à l'étranger, signification faite au parquet du procureur de la République près le tribunal de la Seine et cela bien que, dans l'espèce, ce magistrat n'eut pas transmis la signification au Ministère des Affaires Étrangères (C. d'Etat, 27 février 1885, Dalloz, 1886, 3, p. 89).

Cette jurisprudence a été adoptée par la majorité des auteurs (Carré et Chauveau, *loi de la procédure civile,* T. II, p. 456, quest. 374, *quater* ; — Bioche,

____

(2) V. aussi sur ce point, C. de Douai, 2 mai 1868, D. P. 68, II, 124.

— 8 —

Dictionnaire de procédure, V° *Exploit*, n° 365 ; — Boitard, n° 185 ; — Rousseau et Laisney, *Dictionnaire de procédure*, V° *Exploit* ; — Chauveau, t. II, V° *Exploit*, n° 202 ; — Dalloz, Rép. V° *Exploit*, n° 684) ; — un seul auteur, M. Bonfils s'est écarté de cette doctrine (*Traité élémentaire de procédure*, p. 422, n° 757).

IV. — Les inconvénients du système ainsi adopté par la jurisprudence et la doctrine ont été déjà signalés maintes fois.

L'arrêtiste de Dalloz reconnaît que les garanties offertes aux parties par l'art. 69 § 9 du Code de procédure civile sont presque nulles ; « à une époque où toutes les nations civilisées tendent à effacer, dans la mesure du possible, les difficultés que les règles de la souveraineté territoriale apportent à l'administration de la justice entre les parties de nationalités différentes, *il serait à souhaiter que des dispositions législatives ou internationales imposassent aux parties l'obligation de faire parvenir les significations à leurs adversaires, habitant à l'étranger autrement que par une fiction légale*. La question de savoir si le demandeur, au lieu de recourir aux formalités prescrites par l'art. 69, § 9, peut assigner un étranger à comparaître devant un tribunal français par un huissier ou un officier ministériel étranger qui remplirait les formalités prescrites par les lois de son pays est controversée (Dalloz, Rep. V° *Exploit*, n° 478). Ce mode de procéder ne devrait-il pas être sanctionné par la loi, en laissant au juge français des pouvoirs de contrôle analogues à ceux qu'il exerce lorsqu'il s'agit de rendre exécutoire le jugement émanant d'un tribunal étranger. » (Dalloz, P. 1886, 3, p. 89, note 1).

Cette critique nous paraît absolument fondée ; peut-on admettre, en effet, qu'une partie soit réputée, *en droit*, avoir reçu une signification, une assignation, alors qu'il est reconnu, *en fait*, que cette assignation est demeurée enfermée dans les cartons d'un parquet, d'un ministère, d'une ambassade ?

Assurément non et une telle conséquence légale ne peut être tolérée que si, seule, elle peut résoudre la difficulté qui se pose, que s'il n'existe pas d'autre moyen d'atteindre le but poursuivi par le législateur.

V. — En l'espèce, quel est ce but ? C'est d'établir quand sera réputée légalement faite une notification à une partie domiciliée aux colonies ou à l'étranger.

Distinguons les deux cas.

Aux colonies, n'existe-il pas (sauf dans les territoires récemment conquis) des huissiers comme en France ? ne peut-on pas y notifier des exploits comme en France ?

Alors pourquoi ne pas laisser aux parties le soin et l'obligation de faire faire les notifications à leurs adversaires, dans les mêmes formes qu'en France, alors même que le tribunal saisi du litige est un tribunal de la métropole ?

Il est impossible de le dire.

Il y a, en effet, en cette matière, une chose bien étrange.

La possibilité de faire un parquet, c'est-à-dire d'user du § 9 de l'article 69 n'est pas une faveur accordée au plaideur de la métropole qui a un exploit quelconque à notifier à un adversaire domicilié aux colonies.

Ce n'est pas, en effet, la distance existant *entre les deux plaideurs* qui déter-
mine le législateur ; c'est la distance existant *entre le Tribunal* saisi du litige
et la partie à assigner.

Ainsi, deux parties domiciliées dans la même colonie, mais ayant un procès,
un litige successoral par exemple, devant le tribunal de la Seine, pourront s'assigner non pas par exploits notifiés dans leur colonie, mais par exploits notifiés
au parquet de la Seine.

Loin de constituer une faveur au profit du plaideur métropolitain, le § 9 de
l'article 69 n'est donc édicté que dans un intérêt juridictionnel.

Or, cet intérêt juridictionnel est purement apparent : une instance devant le
tribunal de la Seine se suivra aussi bien à l'aide d'exploits signifiés à Saïgon
qu'à l'aide d'exploits signifiés à Bordeaux ; ces exploits seront, à Saïgon comme
à Bordeaux, notifiés par des officiers ministériels de même qualité, dans les mêmes
formes, avec les mêmes garanties.

Il n'y a donc aucun intérêt à préférer une signification au parquet de la Seine
à un exploit notifié à Saïgon, dès que, en France, on n'exige pas que tout exploit
soit signifié par un huissier de la localité, dès que, à Paris, on admet une assignation signifiée par un huissier de Bordeaux ou de Rouen.

Ainsi le § 9 de l'art. 69 ne se justifie même pas par une apparence d'utilité, au
point de vue juridictionnel.

VI. — Dira-t'-on que le législateur a manqué de confiance dans les officiers ministériels des colonies, dans leur organisation, leur expérience ou leur capacité?

L'objection ne saurait résister à l'examen, puisque, retournant l'art. 69 contre
la métropole, le législateur colonial admet que ceux qui habitent hors de telle ou
telle colonie soient assignés au parquet du tribunal colonial saisi du litige, par
les huissiers du siège (V. notamment les art. 11 et 88 du décret sur les Conseils
administratifs des Colonies (1) ; pour la Nouvelle-Calédonie l'art. 32 du D. du
28 novembre 1866 (2) ; et pour l'Inde, l'art. 69 § 9 de l'arrêté du gouverneur de l'Inde
en date du 2 juillet 1840) (3), de telle sorte que l'on pourrait dire que le législateur
colonial, à son tour, manque de confiance dans l'organisation des huissiers de
la Métropole!

Et, d'ailleurs, cette disposition des textes coloniaux, retournant le § 9 de
l'article 69 contre la Métropole, aboutit à ce singulier résultat que, pas plus en
France qu'aux Colonies, un citoyen français n'est à l'abri d'un exploit signifié à
parquet, qui lui sera transmis plus ou moins tardivement, qui ne lui parvien-
dra peut-être même jamais.

Cela ne suffit-il pas à condamner le § 9 de l'article 69 ?

VII. — Mais il est une chose qui condamne plus encore cette disposition de l'art. 69,
§ 9 (et avec elle, les textes coloniaux qui en sont inspirés), c'est que cette disposition même n'est pas prescrite impérativement par la loi et que les parties sont

____

(1) V. Appendice II.
(2) V. Appendice III.
(3) V. Appendice IV.

libres de ne pas en user, de s'en tenir à l'article 68 et de faire, par huissier colonial, pour les procès métropolitains, par huissier de la métropole, pour les instances coloniales, des notifications à personne ou à domicile dans les termes du droit commun (1).

Il suit de là que, au cours d'un procès, tel exploit peut être notifié dans les termes de l'article 69 § 9, tel autre dans les termes de l'article 68, sans que le mode adopté pour l'exploit introductif d'instance oblige les parties à suivre la même procédure dans la suite du procès, de telle sorte que, quel que soit le mode employé au début du procès, jamais les parties n'auront la certitude que la procédure se continuera dans les mêmes conditions et ne seront à l'abri des surprises d'un exploit à parquet, non suivi de transmission de la copie.

VIII. — Tout cela est absurde et doit disparaître de notre code de procédure.

Il faut d'une part, assimiler au territoire de la métropole, de l'Algérie et de la Tunisie toutes les colonies et tous les pays de protectorat dans lesquels existe l'institution des huissiers.

D'autre part, il faut, pour les autres colonies et pour les pays étrangers, maintenir l'exploit fait à parquet, mais supprimer la fiction légale qui considère cet exploit comme parfait dès le jour de sa signification.

Il faut que cet exploit ne soit considéré comme parfait que du jour où il en aura été donné par le destinataire *récépissé* dans les formes à déterminer par un règlement ou par les conventions diplomatiques.

Pour assurer l'accomplissement de la formalité, et dans le cas où le destinataire refuserait de signer un récépissé, cette pièce serait remplacée par un *certificat* délivré par l'agent compétent.

Un *certificat* serait également délivré dans le cas où la remise de l'exploit serait impossible, dans le cas, par exemple, où l'on ne trouverait pas le destinataire, où il aurait changé de résidence, etc... (V. art. 68 et 69 § 8).

On ne saurait, en effet, tolérer, à l'époque où nous vivons, alors que les communications internationales sont chaque jour plus faciles, que les relations de pays à pays sont, en toutes matières, simplifiées par les conventions diplomatiques, — on ne saurait tolérer, disons-nous, qu'un citoyen quelconque soit réputé avoir reçu une signification alors que celle-ci ne lui sera peut-être jamais remise, mais en tout cas alors que, à cette date même où elle est réputée valable, cette signification court les bureaux et les ambassades.

Il y a là une fiction digne d'un autre âge et qui devrait disparaître de notre Code (2).

---

(1) V. C. de Paris, 1er août 1881, (*Journal des Avoués*), 1882, p. 58 ; — et aussi l'arrêt de la Cour de Cassation du 12 janvier 1892, déjà cité. (*Tribune des Colonies*, 1891-92, art. 133, p 378).

(2) M. P. Le Sucur, dans une très intéressante étude sur les *significations dans les Colonies*, a posé la même question que nous, et est arrivé à la même conclusion.

« En ce qui concerne les Colonies, dit-il, l'emploi de la poste ne pourrait certes offrir aucune difficulté. D'autre part, à l'heure actuelle, il existe partout, dans nos Colonies, des officiers ministériels ou agents chargés de la signification des exploits.

IX. — Pour nous résumer, nous pensons que le § 9 de l'art. 69 du Code de Procédure Civile devrait être remplacé par les dispositions suivantes :

Art. 69. — Seront assignés..... 9° Ceux qui habitent une colonie française ou un pays de protectorat dans lesquels n'existe pas l'institution des huissiers, au parquet du Procureur de la République près le tribunal où la demande est portée, lequel visera l'original et enverra directement la copie au chef du service judiciaire dans la colonie ou le protectorat.

Toute signification faite à une partie habitant un territoire ou existe l'institution des huissiers devra être faite comme dans la métropole.

10° Ceux qui habitent à l'étranger, au même parquet qui, dans les mêmes conditions, enverra la copie au Ministère des Affaires Étrangères, ou à toute autre autorité déterminée par les conventions diplomatiques.

Toute signification faite à parquet ne produira ses effets légaux que du jour où soit la remise de la copie au destinataire, soit l'impossibilité de cette remise aura été constatée dans les formes déterminées par les conventions diplomatiques ou par un règlement d'administration publique (1).

Ed. Sauvel,
Avocat au Conseil d'Etat et à la Cour de Cassation.

« Avant donc que le législateur se prononce sur l'emploi de la poste, pour la signification des actes de procédure, ne serait-il pas possible de donner satisfaction à l'opinion qui réclame la modification du système de la signification à parquet, tant pour mettre fin aux inconvénients graves que ce système peut produire, que pour accélérer l'œuvre de la justice. » (Tribune des Colonies, 1895, p. 273).

APPENDICE

I

Loi du 11 mai 1900 portant modification de l'art. 69 du c. de proc. civ.

Article Unique. — L'art. 69 du code de proc. civ. est modifié ainsi qu'il suit :

«... 9° Ceux qui habitent le territoire français hors de l'Europe et de l'Algérie et ceux qui sont établis dans les pays placés sous le protectorat de la France, autres que la Tunisie, au Parquet du procureur général près le tribunal où la demande est portée, lequel visera l'original et enverra directement la copie au chef du service judiciaire dans la colonie ou le pays de protectorat.

« 10° Ceux qui habitent l'étranger, au même parquet qui, dans les mêmes conditions, enverra la copie au Ministre des Affaires Etrangères ou à toute autre autorité déterminée par les conventions diplomatiques.

II

Décret du 5 août 1881 sur l'organisation et la compétence des conseils contentieux administratifs règlementant la procédure à suivre devant ces conseils.

Art. II. — Le recours au conseil du Contentieux contre une décision qui y ressortit n'est pas recevable après les délais suivants :

1°.....

Ces délais courent du jour de la notification de la décision à personne ou au domicile élu pour ceux demeurant dans la colonie ou qui y ont élu domicile, et, *pour ceux demeurant hors de la colonie, du jour de la notification de lad. décision au parquet du procureur général*, lequel vise l'original et envoie la copie de la manière suivante : . . . .

Art. 88. — La déclaration de recours (au Conseil d'Etat) énonce sommairement les moyens du recours. . . . .

Dans les huit jours de ladite déclaration il en est délivré par le secrétaire-archiviste une expédition qui, dans la huitaine suivante, est notifiée... au défendeur au recours, à personne ou à domicile, s'il réside dans la colonie, ou s'il y a un domicile ; *s'il réside hors de la colonie et s'il n'y a pas élu domicile, la notification ou la signification est faite au parquet du Procureur général.*

Cette notification ou signification vaut sommation au défendeur de constituer avocat au Conseil d'Etat.

III

Décret du 28 novembre 1866, portant organisation de la justice à la Nouvelle-Calédonie.

Art. 32. — Pour les personnes qui habitent en *France* ou à l'étranger, la signification est faite à domicile de l'officier du ministère public près le tribunal compétent, lequel vise l'original et envoie la copie, pour les premiers, au Ministre de la Marine et des Colonies, et pour les seconds, à celui des Affaires Étrangères.

IV

Arrêté du gouverneur des Etablissements français dans l'Inde du 2 juillet 1840, modificatif de plusieurs articles du Code de procédure Civile.

Art. 69. — Seront assignés.... 9°. Ceux qui habitent le territoire français *hors des établissements français de l'Inde,* et ceux qui sont établis chez l'étranger, *au domicile du procureur du roi* près le tribunal où sera portée la demande, lequel visera l'original et enverra la copie au procureur général qui en disposera conformément à l'arrêté local du 13 déc. 1832 (*Bull. Inde,* 1840, n° 51 p. 199; — V. aussi l'arrêté sus-visé du 13 décembre 1832, relatif aux assignations ou significations qui, d'après l'art. 69 du C. de proc. civ. doivent être envoyées en France, *Bull. Inde,* 1832, n° 473 p. 191).

Cette étude a été communiquée au Congrès de la Presse Coloniale qui a été tenu, à l'occasion de l'Exposition universelle de 1900 à Paris, dans la salle de conférences du Ministère des Colonies ; lequel congrès, dans sa séance du 30 août 1900, tenue sous la présidence de M. Fenant, directeur du Recueil général de Jurisprudence Coloniale, vice-président du Congrès, a émis le vœu suivant :

Que le § 9 de l'art. 69, du Code de Procédure Civile soit modifié de telle sorte que les Colonies et Pays de Protectorat Français, dans lesquels existe l'Institution des Huissiers, soient, pour la notification des exploits, assimilés de façon absolue au territoire métropolitain.

Vannes. — Imp. Lafolye Frères.

ÉTUDES DE DROIT COLONIAL

La propriété industrielle dans les Colonies françaises (Paris, 1881).

La propriété littéraire et artistique dans les Colonies françaises (Paris, 1882).

Les codes criminels des Etablissements français de l'Inde (Paris, 1884).

Du statut personnel des natifs de l'Inde, en matière civile et pénale (Paris, 1899).

Vannes. — Imprimerie LAFOLYE.